AF295896

MÉMOIRE JUSTIFICATIF

ADRESSÉ PAR

M. MICHEL AÎNÉ

Marchand épicier à St-Germain-en-Laye

A SES CONCITOYENS

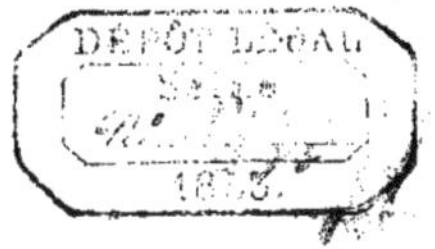

> « Combien avons-nous descouvert d'innocents avoir
> « esté punis, ie dis sans la coulpe des iuges; et com-
> « bien en y a il eu que nous n'avons pas descouverts? »
>
> MONTAIGNE, *Essais*, liv. 3, chap. 13.

J'ai longtemps hésité à publier ce Mémoire. On a si mauvaise grâce à parler de soi qu'on ne doit le faire qu'en cas d'absolue nécessité. Comment croire ensuite que mes affaires particulières aient une importance telle que je doive en occuper le public ? Et d'ailleurs ce même public ne pourra-t-il pas me dire : Il n'est plus temps de plaider ; votre affaire est jugée en dernier ressort ?

Ces considérations, et surtout la dernière, sont, je l'avoue, péremptoires. Cependant, malgré les arrêts de la justice, que je respecte et que j'exécute, je me sens tellement fort de mon innocence, qu'il me semble me trouver dans une position semblable à celle de ces anciens qui se croyaient parfaitement libres dans l'esclavage, à tel point qu'ils n'auraient pas troqué leur sort contre celui de leur maître.

D'un autre côté, si je ne suis pas ému pour moi-même des coups que l'on m'a portés, je dois penser que j'ai une famille, et que par respect pour le nom qu'elle porte, il est de mon devoir de laver ce nom, autant qu'il est en moi, des souillures qu'on a voulu lui imprimer.

Toutes ces réflexions m'ont déterminé à soumettre ma cause à un Tribunal puissant sur tout autre, à un Tribunal que l'on peut égarer un instant mais qu'en définitive on ne trompe pas, à celui qui rend des arrêts inattaquables, au Tribunal enfin de l'opinion publique.

J'ai puissamment été confirmé dans cette détermination, sur laquelle je n'ai consulté personne, par les nombreuses marques d'intérêt que je reçois journellement de la part d'honnêtes gens que mes malheurs n'ont pas empêchés de me regarder comme un des leurs et auxquels je crois devoir adresser d'abord l'expression de ma gratitude.

Que ceux qui se sont posés comme mes adversaires ne s'attendent pas à trouver ici des paroles acerbes. Je les plains : voilà tout ce que j'ai à leur dire. Ils reconnaîtront un jour l'erreur dans laquelle on les a fait tomber, cela est certain. Malheureusement le mal qui aura été fait en lenr nom sera irréparable.

Je serai bref autant que possible; je n'abuserai pas de la bonne volonté de ceux qui m'accorderont la faveur de me lire. Pourtant, dans une affaire que l'on a cherché à tant embrouiller, on conçoit que quelques développements sont nécessaires. Je ferai peu de réflexions. Ma logique se bornera à peu près à celle des faits et à celle des chiffres ; c'est, surtout dans la circonstance, la meilleure que je puisse employer; tant-pis si elle est inexorable.

On connaît déjà tous les précédents de l'affaire suivie contre moi par l'administration de l'hospice et du bureau de bienfaisance, et même beaucoup de détails sur cette affaire. La ville que nous habitons n'est pas assez étendue pour que l'affaire en elle-même et tous ceux qui y ont figuré plus ou moins ostensiblement ne soient pas un peu connus de tous. Un Mémoire déjà publié par la veuve d'un acteur posthume de ce petit drame a été accueilli avec assez de faveur pour que je puisse espérer qu'il servira d'introduction au mien et qu'il m'épargnera des redites inutiles.

Enfant de Saint-Germain-en-Laye et fils de commerçant, j'ai dû suivre la même carrière que mon père. J'avais même un peu amélioré mon sort. Etabli depuis longues années, père d'une assez nombreuse famille, je puis dire hardiment qu'on peut examiner ma vie privée; je n'ai à redouter aucune investigation.

L'épicerie était une des branches de mon commerce; j'obtins, il y a fort longtemps, l'adjudication des fournitures à faire à l'hospice et au bureau de bienfaisance.

Pour mon malheur peut-être je fus amené par l'élection sur le terrain brûlant des affaires publiques. On m'appela à siéger au Conseil municipal. Comment résigner un tel honneur et comment croire qu'il est un écueil lorsqu'on est animé des meilleures intentions?

Je ne tardai pas à m'apercevoir que tout n'était pas roses dans mes nouvelles fonctions. J'eus la sottise d'y conserver ma conscience et ma fermeté sans voir d'abord que, pour y réussir, il fallait plus ou moins s'en détacher. Le bien public m'animait seul, alors qu'il aurait fallu voir par les yeux d'autrui, et se liguer avec telle ou telle coterie.

Je ne retracerai pas les dissensions qui ont agité notre ville : je n'en parle que pour démontrer l'origine de haines qui m'ont été fatales, et je prie tous ceux qui me liront, de me suppléer, en rappelant là-dessus leurs souvenirs.

Il paraît cependant que je n'avais pas déplu à tout le monde et que l'on avait su m'apprécier, puisque vers la fin de 1840, à une époque où la mairie devint vacante, et où certain membres du conseil étaient en dissentiment avec M. le Préfet, celui-ci crut devoir me nommer provisoirement maire, et me maintenir à ce poste jusqu'aux élections qui n'eurent lieu que plus de quatre mois ensuite.

Si l'on croit que mon élévation, que j'acceptai pourtant bien modestement, n'augmenta pas la haine de ceux qui n'avaient pu me détacher de mes devoirs, on se trompe grandement. Cette haine se manifesta dès lors dans bien des circonstances que tout le monde se rappellera, et elle prit de telles racines, que je trouve partout maintenant un ennemi occulte qui a l'adresse d'agir sans se mettre en évidence, et assez de puissance pour diriger, sans qu'ils s'en aperçoivent, ceux qu'il a le talent de m'opposer. Cela paraît du paradoxe, mais cela est.

Ceci dit une fois pour toutes, rien ne doit plus étonner dans mon affaire.

Ce fut vers la fin de la même année 1840 que M. Guyot fut nommé économe de l'hospice. J'étais lié d'amitié avec lui, et je le dis hautement, je m'honorerai toujours d'avoir pu apprécier les qualités éminentes de cet homme de bien tant calomnié depuis sa mort.

Guyot avait mes goûts, il était attaché à ses devoirs, vivait en famille, et ne voulait servir les passions de personne. Il devait donc aussi déplaire à quelques-uns. De son vivant il était estimé trop généralement pour qu'on cherchât à l'attaquer, mais quand on le vit mort et qu'on eut attendu qu'il fût bien refroidi, c'est alors que les mauvaises passions le firent calomnier et quelles surent déterminer des administrateurs honnêtes et de bonne foi, mais trop faibles, à faire un procès à sa mémoire.

On a lu dans l'exposé publié par madame Guyot, avec quelles lenteurs et quelles sages précautions on avait procédé dans cette affaire, de la part de l'accusation, et comment on avait su entasser tellement les allégations que la Justice s'est vue en quelque sorte forcée de croire avec une foi aveugle, et conséquemment de n'avoir aucune discussion avec les dissidents.

Mais il est temps d'aborder les faits que l'on mettait spécialement à ma charge, car en tirant sur Guyot, on avait la bonne fortune de m'atteindre aussi : on faisait coup double.

Laissant donc de côté ce qui m'est étranger, je rappellerai seulement que Guyot ayant malheureusement succombé à une attaque de choléra au mois de juin 1849, ne laissant aucune fortune, fut l'objet des regrets de toute la ville ; que l'Administration, contente de ses services, vota un terrain pour sa sépulture et donna une pension à sa veuve et à son fils ; que ce ne fut que quelques mois après sa mort que de sourdes rumeurs l'accusèrent d'abord de malversations pendant sa gestion, si appréciée pendant neuf années ; que ce ne fut enfin que le 6 juillet 1850 qu'une plainte fut délibérée par l'administration et adressée à la Justice. On avait eu le temps d'examiner, et pourtant on verra que cette plainte n'était pas le dernier mot de l'accusation.

Dans cette plainte, on mettait en avant que Guyot s'était fait faire différentes fournitures de denrées pour son ménage par les fournisseurs de l'hospice et du bureau de bienfaisance, et qu'il avait fait frauduleusement payer le prix de ces denrées sur les fonds appartenant à ces établissements.

Tout naturellement on prétendait que ces fournisseurs étaient les complices de Guyot.

La justice ne pouvant s'en prendre au principal accusé qui n'existait plus, crut devoir procéder contre les complices. On fit une instruction contre ces derniers, et bien que l'action principale fût éteinte et que l'on manquât des éléments nécessaires pour l'apprécier, on traduisit les complices en police correctionnelle, et sous l'impression de l'indignation qui fut inspirée, après avoir déclaré Guyot auteur principal, on condamna ses complices, au nombre desquels j'étais compris, en deux mois de prison et 25 francs d'amende. Il ne s'agissait alors pour l'épicerie que d'une somme de 649 fr. 62 c. On n'avait pas encore inventé les détournements prétendus plus tard au préjudice du bureau de bienfaisance, et l'Administration ne s'était pas portée partie civile.

Je crus devoir appeler de cette décision, et j'eus un instant bon espoir que l'on avait entendu ma défense et apprécié mon innocence. Le rapport fait devant la Cour par un de messieurs les conseillers m'était favorable, les débats allaient se clore, lorsqu'on fit jouer un autre ressort : quelqu'un fit passer une note à M. l'avocat-général qui, après l'avoir lue, s'exprima ainsi :

« Il résulte d'une note qui vient de nous être communiquée, qu'à la
« date du *31 mars 1846*, le sieur Michel s'est fait payer par la caisse
« de l'hospice une somme de 225 fr. pour 300 kilogrammes de prunes,
« lorsqu'en réalité il n'en a été fourni à l'hospice qu'une quantité de *130*
« *kilogrammes* pour une somme de 80 fr. 06 c. *par un sieur Goy*, mar-
« chand épicier, rue de Sèvres, à Paris. »

Ce coup de massue, si à propos appliqué, assura ma défaite. C'était pourtant un chef tout nouveau d'accusation. Il était tard, on n'examina plus rien, aucun supplément d'instruction ne fut ordonné sur cette nouvelle accusation, la Cour confirma le jugement.

On verra ci-après que la note remise à M. l'avocat-général contenait un horrible mensonge.

Ce premier succès parut d'un bon augure aux promoteurs de cette affaire, et il paraît qu'ils résolurent d'agrandir le cercle de leurs demandes.

On mit encore plusieurs mois à élaborer les éléments d'un nouveau procès ; enfin le 13 août 1851, une demande fut introduite contre la veuve et les héritiers Guyot et contre moi, et on nous assigna devant le tribunal de première instance pour nous faire condamner solidairement à payer les sommes suivantes que l'on prétendait que Guyot, d'accord avec moi, avait frauduleusement fait payer par l'administration pour marchandises que je lui avais fournies pour son compte particulier, savoir :

Malversations au préjudice de l'hospice.

1° La somme réclamée lors du procès en police correctionnelle, ci. 649 62

2° Pour huile à brûler, une somme de. . . . . 612 »

3° Pour la différence prétendue entre la somme due pour une fourniture de pruneaux et celle payée en réalité, suivant la note remise à l'audience de la cour d'appel, ci. 144 94

Malversations au préjudice du bureau de bienfaisance.

4° Une somme de trois mille quatre cent quatre-vingt-six fr. vingt et un centimes, calculée arbitrairement sur les bases qu'on verra ci-après, ci. 3,486 21

Au total. . . . . 4,892 f. 77 c.

Il y avait dans la demande d'autres chefs particuliers à Guyot, sa veuve les a discutés dans son Mémoire.

Ainsi, en ce qui me concerne, lors du procès en police correctionnelle, si longuement élaboré, on ne réclamait que 649 fr. 62 c. Dans la nouvelle demande le chiffre grandit énormément, il est porté à 4,892 fr. 77 c. On verra ci-après par quels moyens :

Après les délais indispensables, le tribunal de Versailles entendit les plaidoiries, et le 25 juin 1852, il rendit un jugement qui me condamna solidairement avec madame Guyot, à rembourser à l'administration toutes les sommes comprises dans sa demande, les intérêts et les dépens.

Persuadés qu'il n'en devait être ainsi, nous fîmes appel de ce jugement devant la cour impériale de Paris. La même influence contraire nous y suivit, et par arrêt de la troisième chambre de cette cour du 11 février 1853, le jugement de première instance fut entièrement confirmé.

Tels sont les faits dans leur nudité, j'arriverai tout à l'heure à la discussion et à la justification que j'ai entreprises ; mais auparavant, qu'il me soit permis de compléter le récit des faits par l'énoncé de quelques-unes des conséquences qu'ils ont entraînés.

Il faut avoir passé par la persécution pour s'imaginer quelle perturbation une instance comme celle dont je suis victime, et qui dure depuis près de quatre ans, peut causer dans le commerce, dans les affaires, dans la famille, dans les finances et même dans la santé et le moral d'un individu. Je puis dire que cette affaire m'a ruiné de toute manière. Sait-on ce que c'est qu'être violemment jeté en prison ? Peut-on concevoir dans quel état sont mises les affaires d'un commerçant lorsqu'il n'est plus là pour les diriger et qu'il subit une détention pour une action honteuse ? Se fait-on une idée des mille démarches et des dépenses qu'il faut faire en près de quatre ans pour arriver à se défendre contre une accusation aussi embrouillée et aussi vague ? Ensuite le principal, doublé par les frais, où le trouver quand on est ruiné ?

J'étais titulaire d'un bureau de tabac que M. le Préfet m'avait fait avoir pour me récompenser, m'avait-il écrit, de mes services administratifs. Aussitôt après ma condamnation ce bureau m'est retiré.

J'étais commerçant en vins dans une autre maison que celle où est mon épicerie, ma condamnation me força de résigner ce commerce.

Ces deux seules branches me rapportaient le revenu d'un fonds de cent mille francs ; je les ai perdues. Mon commerce d'épicerie a souffert considérablement aussi. Je suis donc presque ruiné, mes ennemis doivent être satisfaits.

Que l'on joigne à cela la honte de passer pour un voleur après cin-

quante ans d'une vie sans reproches, on aura un faible tableau de tout ce que je souffre par suite de l'affaire qui m'a été intentée.

Si après tout on acquiert la conviction que celui qui souffre tant et irréparablement, était innocent, ne devra-t-on pas être saisi à la fois de pitié et d'indignation ?

C'est pourtant ce que j'espère démontrer.

Me voilà enfin arrivé au véritable but de ce Mémoire, c'est-à-dire à la discussion de ce qui est avancé contre moi et à ma justification.

Pour mettre un peu d'ordre dans cette discussion, je la diviserai comme la demande en quatre paragraphes, puis, l'accusation elle-même m'y force, j'en ajouterai un cinquième pour répondre à un système général qu'elle n'a employé qu'en dernier lieu.

§ Ier.

Première somme de 649 fr. 62 c, réclamée d'abord en police correctionnelle.

J'ai annoncé que je laisserais de côté toute argumentation qui ne reposerait pas sur des faits ou sur des chiffres, je ne puis cependant passer sous silence une observation qui doit tout dominer, et qui est d'autant plus importante qu'on verra dans le § 5 qu'elle est concluante.

En plaidant on ne devrait pas faire acte d'hostilité. Plaider, en bonne justice, c'est contradictoirement rechercher la vérité. Un plaideur de bonne foi, en même temps qu'il essaie de faire triompher son système, ne doit donc pas refuser à son adversaire les moyens de rechercher la vérité dans ses propres pièces dont il lui doit même la communication ou la faculté de les compulser. Je soutiens dès lors que celui qui refuse cette communication fait acte de déloyauté et qu'il donne une idée peu favorable de la justice de sa cause.

Ces considérations trouveront leur application dans la discussion.

Le système au moyen duquel on a prétendu qu'une somme de 649 fr. 62 c., avait été payée en trop pendant le cours de plusieurs années, est vraiment fort ingénieux.

Lors de l'instruction préliminaire faite par M. le juge de paix de Saint-

Germain-en-Laye, assisté malheureusement de personnes intéressées, on mettait en avant la malversation ; c'était une allégation, mais on ne tenait rien, on ne pouvait fixer de chiffres. On fit ce raisonnement du côté de l'accusation : l'économe tenait un registre des livraisons qu'il recevait pour l'hospice ; comparons avec ce registre celui que doit tenir le fournisseur, peut-être trouverons nous quelque chose.

D'abord, à mon sens, le raisonnement n'était pas concluant, la comparaison demandée ne devait rien produire.

Est-ce que si l'on admet que l'économe et le fournisseur se sont entendus pour tromper l'administration, on les croit assez dénués de bon sens pour n'avoir pas su mieux combiner leur friponnerie ? Il eût été trop grossier de se laisser prendre ainsi, et si, de la part du fournisseur, il y avait eu tenue d'un registre, il est bien certain que ce registre eût été conforme à celui de l'économe.

Mais je ne pus représenter de registre. Mes registres de commerce ne contiennent pas les fournitures faites à l'administration. Ces registres sont tenus par ma femme, et je ne puis dire qu'ils le soient comme la science le veut. Ils le sont à sa manière et ils portent peut-être par là l'empreinte d'une entière bonne foi. Au surplus, si c'est un mal, peut-être en serai-je victime en quelques circonstances, mais ici y a-t-il lieu à s'en faire une arme contre moi ? on va en juger.

On sait ce que c'est qu'une maison de détail ; un grand nombre de personnes prennent à crédit, mais paient dans le mois ou dans un délai plus ou moins rapproché. Rigoureusement, chacun devrait avoir un compte ouvert sur le registre. Il n'en était pas ainsi chez moi ; pour ces comptes payés à courtes échéances, ma femme les tient sur des feuilles volantes. Or, l'hospice payait régulièrement tous les trois mois, c'était donc sur des feuilles volantes que ma femme inscrivait les fournitures faites à l'hospice.

Sur la demande qui me fut faite de mon registre, je répondis donc ingénûment que je n'en avais pas, que je n'avais tenu que des feuilles volantes ; on me les demanda, et je les livrai.

Hors ma présence, on se livra à des calculs, et on annonça que le résultat était que les feuilles volantes, de 1845 à 1849, contenaient pour

649 fr. 62 cent. en moins de fournitures que le registre tenu par l'économe, et on en tira cette conséquence, bien hasardée, que l'on avait fait payer cette somme pour des fournitures qui n'avaient pas été faites, ou plutôt pour des fournitures faites à Guyot personnellement.

Ainsi, pour le besoin de l'accusation, on considéra mes feuilles volantes comme des pièces probantes et authentiques, tandis qu'on n'eut aucun égard aux registres parfaitement tenus de l'hospice registres pourtant dont le contenu était journellement contrôlé par un système de comptabilité-matières mis en usage à l'hospice, et dont un inspecteur a fait l'éloge dans un rapport écrit.

Mais on voulait des coupables, il en fallait à tout prix.

Je fus d'abord assez embarrassé pour expliquer la différence que l'on prétendait exister, et que je n'ai pu contrôler, puisqu'on m'a refusé toute communication. Je ne pouvais penser d'ailleurs que des feuilles tenues ainsi pussent m'être opposées sérieusement, car je ne les avais pas produites comme titres, mais comme de simples renseignements. Ce fut cependant ce frêle échafaudage qui composa tout le moyen de l'accusation et qui fit triompher l'administration.

J'expliquai cependant d'une manière qui paraît satisfaisante les erreurs qui pouvaient exister sur ces feuilles volantes. Je dis que les livraisons étant faites à un économe en qui j'avais toute confiance, le registre de l'hospice, contenant les réceptions, était pour moi un titre ; que, dès-lors, je n'attachais pas une grande importance à la constatation chez moi, que je pensais que l'on pouvait expliquer ainsi les différences remarquées, qui, disséminées dans plus de seize trimestres, donnaient pour chacun peu de chose.

Dans mon intérêt personnel, il m'arrivait quelquefois, peu de jours avant la fin du trimestre, d'aller trouver madame la supérieure, et de la prier de m'indiquer les articles dont l'hospice avait besoin, afin de les comprendre dans les mémoires que je donnais à l'ordonnancement le dernier jour. — Cela me procurait le petit avantage de ne pas attendre trois mois pour toucher le prix de ces marchandises, que l'on m'aurait demandées peu de jours après, et qui, adjugées au rabais, ne laissaient au fournisseur qu'un faible bénéfice et trop souvent de la perte.

On me remettait une note de ce dont on avait besoin, je fournissais, et à l'instant je faisais mon mémoire composé de ce qui était inscrit sur la feuille volante du trimestre, plus, de ces marchandises fournies peu de jours après.

Il est donc arrivé bien des fois qu'il était sans intérêt de porter ces petites sommes sur les feuilles du trimestre, puisqu'étant comprises an mémoire, cela devenait inutile.

Voilà qui explique parfaitement, pour des gens non prévenus, les différences qui ont pu exister entre le registre et les feuilles volantes.

On connaît à présent tout ce qui a été dit de part et d'autre sur cette anomalie, qui, on le répète, ne prouve absolument rien ni contre Guyot ni contre moi. Le jugement de police correctionnelle fut enlevé au moyen de belles phrases sur le zèle des administrateurs, sur le peu d'intérêt qu'ils auraient de poursuivre un innocent. — On les crut sur parole.

A l'audience des appels correctionnels devant la Cour, comme on vit que le succès était incertain, on fit passer à M. l'avocat général la note dont il est parlé plus haut, note contenant un mensonge, ainsi qu'on le verra au § III. — Cela me rendit odieux; on enleva la confirmation.

Sur l'instance civile en première instance, on dit qu'il y avait chose jugée et confirmée par arrêt, que la justice était liée, et ce fut encore inutilement que mon avocat plaida d'excellents moyens.

Devant la Cour enfin, on dit que le point avait été jugé déjà trois fois. Cependant, pour éviter un nouvel examen, on changea le système entier; on présenta pour la première fois le tableau erroné dont il sera parlé au § V, auquel je ne pus à l'instant répondre. — La Cour confirma.

§ II.

Somme de 612 fr. réclamée pour huile à brûler.

Il faut avoir eu l'esprit bien inventif pour trouver ce point et pour le faire triompher, car il est encore plus extraordinaire que le précédent.

Guyot, tout entier à sa besogne, travaillait continuellement pour l'hospice. Il lui est arrivé de travailler le soir chez lui, cela était toléré par l'administration, et on sent qu'il n'y avait en ce fait aucune conséquence fâcheuse.

Dans la sincérité de son âme, madame Guyot avoua dans l'instruction que je lui avais fourni de l'huile à brûler, mais que cette huile ayant été employée pour alimenter la lampe du bureau de son mari, elle avait cru devoir faire reporter le prix de ces fournitures sur le mémoire de l'hospice. — Du reste, elle prétendit, ce qui était vrai, que le tout ne devait s'élever qu'à dix ou douze fr. au plus.

Cet aveu fut précieux pour le grand calculateur de nos méfaits. — Ne retrouvant aucune trace qui pût prouver que la déclaration de madame Guyot n'était pas sincère, il établit qu'une lampe n'avait pu brûler moins de 20 cent. d'huile par soirée. — Puis, sans tenir compte des dimanches et fêtes, ni des six mois d'été, il multiplia cette somme, qui, pour 365 jours dont se compose l'année, produisit 73 fr., lesquels, multipliés par les huit ans et tant de mois que Guyot avait eu l'économat, donnèrent la somme de 612 fr., montant de ce deuxième chef de demande, *qui n'a pas d'autre base.* La demande, les requêtes et les conclusions signifiées par les adversaires sont entre mes mains et témoignent de cette assertion.

Qu'est-ce que tout ce calcul prouvait contre moi ? Rien absolument. On ne sait que répondre à de pareilles pauvretés.

Cependant la justice s'y laissa prendre en première instance et en appel.

§ III.

Somme de 144 fr. 94 cent. qui aurait été payée en trop sur des pruneaux.

De plus en plus fort de la part de l'accusation.

On a vu quel rôle indigne avait joué une note remise à M. l'avocat-général lors des plaidoiries sur l'appel du jugement de police correctionnelle. Cette note a causé ma perte ; ce fut un coup de théâtre qui détruisit tout l'intérêt que j'inspirais.

Cette note cependant contenait un mensonge. Non seulement je vais le prouver, mais mes parties adverses ont fini par l'avouer.

Cependant cette note avait eu un tel succès que dans la demande formée devant le tribunal civil on n'hésita pas à demander aussi les 144 fr. 94 cent. qui y sont portés.

Voici la vérité sur cette note.

Lors de l'instruction faite par M. le juge de paix, ce magistrat me demanda d'expliquer les différences qui se trouvaient entre le livre tenu à l'hospice et les feuilles volantes. J'ai déjà dit quel avait été mon embarras pour les expliquer. Je lui dis entre autres choses que quelquefois les sœurs avaient fait des emplettes à Paris, et que la commission administrative qui, aux termes d'une délibération du conseil municipal, devait se pourvoir chez l'adjudicataire des fournitures, voulant ne pas se mettre en défaut vis-à-vis du conseil municipal qui la contrôlait, m'avait fait prier de signer mémoires et mandats, ce que j'avais fait par condescendance en priant que cela ne se renouvelât plus ; qu'ainsi il n'était pas étonnant que de telles fournitures existassent sous mon nom au livre de l'hospice, puisque j'étais en nom et que j'avais signé mémoires et mandats, et qu'elles n'existassent pas sur mes feuilles, puisqu'en réalité je n'avais rien fourni ni reçu aucune somme. Je lui dis que, si ma mémoire était fidèle, on devait trouver une telle opération, qui n'avait préjudicié à personne, avec un sieur Goy, de Paris, pour des pruneaux. Il me fut impossible de préciser à quelle époque.

Il paraît qu'on eut le soin de rechercher le sieur Goy et de lui demander ce qu'il en était de mon allégation. Ce fait était tellement ancien (on va voir qu'il s'était passé en 1844) que le sieur Goy, en cherchant sur ses livres et y trouvant la mention suivante, s'imagina que c'était ce qu'on lui demandait, et se trompant (de bonne foi, j'aime à le croire), donna l'extrait suivant :

« Madame de Saint-Germain,

14 Février 1846,

« Brut, 140 kil. 25   deux barils prunes
« Tare,   9   50   net, 130 kil. 75 à 62 fr. — 81 fr. 05 c.

Armé de cet extrait, on fit un rapprochement avec le livre de l'hospice, on y trouva qu'il y était constaté qu'à la date du 23 février 1846, j'avais livré 300 kil. de pruneaux qui, payés le 31 mars suivant, au prix de 75 cent., fixé par l'adjudication, représentaient une somme de 225 fr. Or, comme j'avais parlé dans l'instruction d'une fourniture faite par le sieur Goy, et qu'on ne trouvait pas trace de son paiement, on en conclut tout naturellement que l'on avait payé au sieur Goy, sous mon nom, la somme qui était réellement due, que l'on avait enflé le mémoire et que Guyot et moi avions bénéficié frauduleusement du reste.

Voilà comment ont raisonné la passion et l'aveuglement.

Quelle était la vérité ?

La vérité était que la facture du 14 février 1846 ne s'appliquait pas à l'hospice de Saint-Germain ; que j'avais bien fourni les 300 kil. que l'on m'avait payés le 31 mars 1846 ; et que l'opération dont j'avais parlé à M. le juge de paix avait eu lieu dans le 1er trimestre de 1844.

Le sieur Goy a eu depuis l'obligeance de me prêter ses livres ; je les ai compulsés et gardés longtemps ; je les ai mis à la disposition de mes adversaires.

Voici ce que j'en ai extrait :

« 2 Janvier 1844,

« M. l'économe de Saint-Germain,

« 150 kil. pruneaux à 55 fr. »

Et plus loin :

» 9 Février 1844,

« M. l'économe de Saint-Germain,

« 100 kil. pruneaux à 55 fr. »

De plus, j'ai vérifié que le 23 février 1844 il avait été délivré mandat de 137 fr. 50 cent., sous mon nom, pour l'acquit de ces fournitures de 250 kil. de pruneaux à 55 fr. le cent.

Voici maintenant non seulement la reproduction tronquée de la facture du 14 février 1846 (dont on a argué), mais cette facture entière.

Je dis tronquée parce que le sieur Goy n'en avait délivré que la première partie, puisqu'on ne lui avait parlé que de pruneaux.

Je trouve sur son livre :

« 14 février 1846.

« Madame de Saint-Germain.

« Brut	140 kil.	25	Deux barils prunes.		
« Tare	9	50	Net 130 kil. 75 à 62 f. »	81 f.	05 c.
« Brut	67 kil.	20	Café.		
« Tare	1		66 kil. 20 à 270 f. »	178	75
				259 f.	80 c.

Enfin j'ai trouvé en remontant, en janvier 1844, pour la même pratique.

« Madame de St-Germain.

« Brut 147 kil. 50 } net 137 kil. 50 à 55 f.   80 f. 55 c. »
« Tare 10   »

Ainsi on le voit, les deux factures de janvier et février 1844, sous le nom de *M. l'Econome de St-Germain*, sont bien celles qui concernent l'hospice et dont j'avais d'abord parlé sans pouvoir préciser la date. — Celle de 1846 au contraire, sous le nom de *madame de St-Germain*, concerne une autre personne qui figurait déjà sur le livre en 1844 !

Si la vérité a été infailliblement découverte, je puis avec confiance mettre en avant que c'est sur ce point.—Elle est tellement avérée que mes adversaires (que l'on ne soupçonnera pas de faiblesse en ma faveur) l'ont eux-mêmes reconnue; et par des conclusions signifiées d'avoué à avoué en première instance, le 13 avril 1852, ils ont déclaré qu'ils abandonnaient ce chef de demande.

Cependant on a vu quelles conséquences terribles ce point, mal expliqué alors, avait eu pour moi. Il avait déterminé ma condamnation en Cour d'appel sur l'instance en police correctionnelle !

Mais voilà qui va paraître encore plus incroyable :

Lors de la plaidoirie en première instance civile, mon avocat s'occupant de ce chef de la demande, voulait en tirer des arguments en faveur de ma cause, lorsque M. le président, l'interrompant, lui dit : « que la

« commission administrative abandonnant ce chef de réclamations, il ne
« pouvait pas en être question et qu'il passât à un autre grief. »

Croira-t-on après cela que le Tribunal condamna madame Guyot et moi
à payer ces 144 fr. 94 c., et que la Cour Impériale confirma ?

§ IV.

Somme de 3,486 fr. 21 c. réclamée, sans rien préciser, pour le bureau de bienfaisance.

Ici l'arbitraire n'est plus voilé.

La demande introductive d'instance se borne à dire que des détournements ont aussi eu lieu au préjudice du bureau de bienfaisance, pour une
somme de 3,486 f. 21 c. —On n'y donne pas de motifs et il était difficile
d'y répondre d'abord ; mais les écritures signifiées dans le cours de l'instance en appel ont appris que voici comment l'administration avait raisonné :

Guyot et Michel qui ont trompé l'hospice ont dû nécessairement tromper aussi le bureau de bienfaisance.—Puis on met en avant que l'on a relevé
sur les livres de l'administration ce qui avait été payé du 1er janvier 1841
au 30 juin 1849, tant pour l'hospice que pour le bureau de bienfaisance, ci. . . . . 58,519 f. 01 c.

Tandis que suivant mes adversaires je n'aurais
fourni que pour 53,622 06

Différence. . . . . 4,896 f. 95 c.

Il est impossible, d'après le calcul porté dans les écritures des adversaires, de déterminer d'abord comment ils arrivent à réduire à 3,486 f. 21 c.
leur chef de demande ; pourtant on le verra plus tard dans un autre raisonnement qu'ils ont fait.

Ces relevés faits ainsi qu'on l'annonce sont essentiellement fautifs.

D'abord une observation importante doit dominer ce point. Vous dites
que vous avez payé en tout 58,519 f. 01 c. Il ne faudrait aucunement
connaître comment ces paiements sont faits et contrôlés, pour ne pas

vous répondre que nécessairement les mandats délivrés sont appuyés de mémoires s'élevant exactement à la même somme et que vous avez admis comme bons.

Vous dites que vous n'avez trouvé sur vos registres qu'une réception de marchandises s'élevant à 53,622 f. 06. — Je réponds que cela est impossible, puisque vous avez admis les mémoires pour la même somme que celle portée aux mandats. Expliquez-vous donc plus catégoriquement, si vous voulez qu'on vous croie.

Pourquoi, alors, n'avez-vous pas voulu chercher la lumière ensemble? Pourquoi ne nous avez-vous fait aucune communication? Pourquoi n'avez-vous rien représenté que le relevé fait par vous? Pourquoi avez-vous voulu laisser ce point dans l'obscurité? C'est que vous saviez bien que vous faisiez erreur.

Et votre erreur, elle est palpable : vous avez calculé les sommes payées par les deux administrations de l'hospice et du bureau de bienfaisance, et vous n'avez comparé à ces sommes que les fournitures faites à l'hospice en négligeant celles faites au bureau de bienfaisance que l'on portait sur un registre particulier, puisque les deux administrations étaient distinctes, et tellement distinctes que Guyot était économe pour l'hospice, tandis que la sœur supérieure gérait le bureau de bienfaisance dont Guyot n'était que le secrétaire; tellement distinctes que chacune a son budget et ses comptes séparés; tellement distinctes que les archives de ces administrations sont placées les unes à Paris, les autres à Versailles.

Nous vous avons toujours demandé dans l'instruction, madame Guyot et moi, ce livre spécial au bureau de bienfaisance, vous avez fait répondre qu'il n'en existait pas; vous savez le contraire, d'autres ont dit *qu'il était perdu*, cela n'est nullement probable; madame la supérieure a du reste reconnu, dans l'instruction, l'existence de ce livre.

Poursuivons : dans vos écritures vous êtes convenus que les preuves manquaient, mais vous y avez suppléé par le beau raisonnement que voici :

Vous avez dit : « Pour se convaincre de la réalité de ces malversations sur les dépenses d'épicerie *du bureau de bienfaisance*, il suffit de

3

« comparer la gestion de Guyot avec celle des personnes qui l'ont précédé
« ou suivi. »

Permettez, vous faites une erreur grave. Guyot a été économe de l'hospice, mais jamais il ne l'a été du bureau de bienfaisance. La sœur supérieure seule gérait ce dernier établissement. Elle y taillait et rognait à
sa volonté. Elle avait les clefs des denrées; à elle seule la responsabilité.
Guyot ici n'était que son secrétaire.

« Ainsi, continuez-vous, en 1840, sous l'économat de la sœur supé-
« rieure, les dépenses d'épicerie du bureau de bienfaisance se sont élevées
« à 171 fr. 50; celles sous l'économat de Guyot se sont élevées de suite à
« 561 fr. 88. Pour les années suivantes elles ont monté jusqu'à 683 fr.,
« et elles se maintiennent toujours entre 5 et 600 fr., et même, en 1849
« pour le premier trimestre, celui qui a précédé la mort de Guyot, elles
« se sont élevées à 219 fr. Sous l'économat de M. Fillion, deuxième se-
« mestre de la même année, ces dépenses s'abaissent aussitôt à 44 fr. 48.
« Pour 1850, la diminution est encore plus forte, car les fournitures d'épi-
« cerie ne montent qu'à 71 fr. 30 c. pour toute l'année. »

Puis vous établissez ce calcul : dans les deux années antérieures à la
gestion de Guyot, la moyenne des dépenses d'épicerie
ayant été de. . . . . 165 f. 94 c.
Et celle des mêmes dépenses de 1841 à 1848 inclus de.   584   69

La moyenne définitive d'une année se trouvait de. .   418   75
Qui multipliée par les huit années, ci.   8

Donne un total de. 3,350
A quoi ajoutant 136 fr. 21 c. pour les 6 premiers mois
de 1849, ci. . . . . 136 f. 21 c.

On trouve définitivement une somme de. . . . . 3,486 f. 21 c.

Qui est précisément celle portée dans le quatrième et dernier chef de la
demande.

Je le demande, non à des logiciens ou à des jurisconsultes, mais à toute
personne qui a le simple bon sens, que prouvent toutes ces allégations?

Je ne doute pas qu'on réponde : Rien.

Pourtant nous avons été condamnés, madame Guyot et moi, en première instance et en appel.

Cependant nous répondions aux demandeurs : Soyez donc conséquents avec vous-mêmes. Lorsque nous vous avons dit : Les deux administrations sont distinctes; il y a des registres pour chacune d'elles, vous nous avez répondu: Non; tout est confondu, et voilà que, tout à coup, pour le besoin de votre cause, vous établissez nettement la distinction, trimestre par trimestre, des fournitures d'épicerie faites au bureau de bienfaisance. Il faut avouer que cela tient du merveilleux. C'est un tour de force qui vous fait le plus grand honneur.

Mais, si nous consentons à parler de vos relevés et de vos calculs, qui nous démontre qu'ils ne fourmillent pas d'erreurs? Vous n'en avez montré les bases ni à nous ni à nos juges; il a fallu vous croire sur parole. Qui peut dire ce qui en serait advenu si, jouant cartes sur table, vous aviez eu la bonne foi de nous appeler à établir ces relevés et ces calculs contradictoirement avec vous ?

Nous faisions aussi observer que rien n'est variable comme les dépenses de certains chapitres des secours donnés par un bureau de bienfaisance, que de causes peuvent influer sur ces dépenses! Les bonnes ou mauvaises années, le nombre toujours flottant des indigents secourus, le mode de secours, le prix des denrées, la volonté des administrateurs qui changent et se succèdent, et bien d'autres causes peuvent les faire varier à l'infini.

Les calculs ci-dessus, en admettant même qu'ils aient été bien faits (ce que nous nions), ne prouveraient donc absolument rien.

Jusqu'à présent nous avions cru que pour motiver une condamnation quelconque il fallait des titres ou des preuves; que c'était à celui qui alléguait un fait à le prouver, et que si, sortant quelquefois de la rigueur des principes, on admettait des présomptions, il fallait au moins qu'elles fussent graves, précises, concordantes et sans admettre aucun doute. Le résultat de cette affaire nous a bien cruellement détrompés.

§ V.

Observations sur un changement subit dans le système de la demande.

La demande, qu'à bon droit je nomme l'accusation, est un Protée qui a su se transformer à volonté aussitôt qu'elle voyait qu'on allait l'étreindre. En d'autres termes, les adversaires ont su changer de système lorsqu'ils voyaient la défense prendre du terrain et se mettre en mesure d'éclairer la justice. Ils ne se sont pas privés de ce qu'un spadassin appellerait la botte secrète.

En Cour impériale, sur le premier procès en police correctionnelle, c'est une note perfide, remise à l'avocat général, qui contient une nouvelle accusation, calomnieuse on l'a vu, mais qui détermine ma condamnation.

En première instance, sur l'instance civile, les adversaires, vaincus par l'évidence, se donnent un vernis de bonne foi en déclarant qu'ils abandonnent l'un des chefs de leur demande. On a vu en quoi cela m'avait servi.

Devant la Cour enfin, en dernier lieu, le jour de l'arrêt définitif, après les plaidoiries de la défense, le système général change. L'avocat de la demande annonce que l'administration a fait table rase de ses quatre articles pour adopter un moyen beaucoup plus simple.

C'est alors que se joue un coup de théâtre : on déploie sous les yeux de la Cour un magnifique tableau ne contenant pas moins de quinze colonnes et de quarante lignes, le tout signé par tous les membres de la Commission administrative, puis on dit avec un laisser-aller entraînant :

Voici qui vaut mieux que des raisonnements, voici des chiffres. Ce tableau présente dans ses développements le relevé totalisé des fournitures d'épiceries inscrites au registre de l'administration, puis le relevé, aussi totalisé, des sommes payées, le tout établi par trimestre et par année, du 1er janvier 1841 à juin 1849.

Nous avons payé en trop. . . . . 4,896 fr. 64 c.

Nous y ajoutons la différence autrefois signalée entre le registre de l'administration et les feuilles volantes tenues par Michel, ci. 649   62

Nous réclamons définitivement. . . . . . . 5,546 fr. 26 c.

C'est-à-dire 653 fr. 49 de plus que dans notre exploit introductif d'instance, (ce qui me semble contraire aux dispositions de l'art. 464 du Code de procédure civile).

On conçoit qu'à l'instant même mon avocat n'ait pu examiner et discuter plusieurs milliers de chiffres groupés dans l'intérêt du système nouveau que l'on mettait en avant. Il eût fallu plusieurs conférences avec moi, et mieux encore la vérification des assertions portées sur ce tableau avec les pièces probantes elles-mêmes, c'est-à-dire avec des pièces déposées pour l'hospice aux archives de la Cour des comptes, et pour le bureau de bienfaisance aux archives de la préfecture de Versailles.

Ce tableau produisit le même effet que la fameuse note, il enleva la confirmation du jugement de première instance. Et pourtant il valait tout autant que la note, c'est-à-dire qu'il contenait un énoncé inexact. Je vais le prouver à l'instant.

Persuadé de ce que je viens d'avancer, et dans la pensée de me réhabiliter dans l'opinion publique, je suis allé aux Archives et j'y ai fait patiemment, sous le contrôle de M. l'archiviste, le très long relevé du montant des mandats délivrés *et de leurs causes*. Puis, rentré chez moi, j'ai travaillé plusieurs jours à grouper des chiffres pour me rendre compte des différences que je trouvais avec le tableau fourni à l'audience dont j'ai fait prendre copie exacte. J'ai fait mes opérations et leur preuve de plusieurs manières, enfin voici ce que j'ai reconnu et ce que la Cour aurait reconnu si elle avait bien voulu ordonner un compulsoire.

D'abord le tableau contient des erreurs matérielles d'addition dans plusieurs colonnes, ensuite des erreurs, quelquefois en plus, quelquefois en moins, sur le montant des relevés de mandats. Je vais donc recomposer le calcul réel d'après les pièces probantes, mais avant tout je dois faire une observation indispensable.

L'hospice consommait annuellement pour une somme d'*environ sept cents francs de tabac* que je lui avais toujours fourni, adjudicataire ou non des fournitures d'épicerie depuis dix-huit ans.

Ce tabac faisait l'objet d'un article spécial crédité et mandaté *seul*, et conséquemment ne figurait pas sur le livre d'épicerie.

Or, l'auteur du tableau a fait une fausse opération en comparant le

montant des fournitures d'épicerie avec le montant des sommes qui m'ont
été payées ; il fallait distraire de ces dernières celles qui m'avaient été
payées pour fournitures de tabac, et on serait arrivé à niveau.

Il ne faut donc pas s'étonner si, dans ce tableau, la moyenne par année des sommes prétendues payées en trop est d'*environ sept cents
francs*.

Après cette observation qui est concluante, voici le calcul que j'ai annoncé plus haut :

Calcul préliminaire des différences.

Pour l'année 1841, les mandats relevés à la Cour des comptes consta-
tent qu'il m'a été payé pour fourniture d'épicerie. .   5,643 f. 78 c.
Le tableau ne porte que.   5,492   17

Différence en moins.	151	61
Pour l'année 1842, même erreur s'élevant à. . . .	304	08
1843, id.	209	06
1846, id.	173	58
1848, id.	170	68
1849, id.	110	08
Total des différences en moins. . . .	1,119	09

Pour l'année 1844, les mandats, toujours pour
épicerie, sont de. . . . .   5,816 f. 55 c.
Le tableau porte   5,841   74

Différence en plus.	25	19
Pour l'année 1846, même erreur s'élevant à. . .	584	67
1847, id.	171	71
Total des différences en plus. . . .	781	57

Le montant des différences en moins étant de. . .   1,119   09
Celui des différences en plus de.   781   57

Il reste définitivement une différence en moins de.   337   52

Calcul définitif.

Le tableau fourni pour l'administration porte le montant des fournitures d'épiceries à 53,622 fr. 37 c. ; il y a erreur matérielle d'addition, il est de. . . . . 54,147 f. 37 c.

Le même tableau porte le montant des paiements qui m'ont été faits à 58,519 fr. 01 c.; il y a erreur d'addition, c'est. 59,044 01

On se retrouve ici : en faisant la soustraction inverse, on obtient la même différence que celle portée au tableau, ci. 4,896 64

A quoi ajoutant, comme la commission administrative, le montant de la différence avec les feuilles volantes, ci. 649 62

On retrouve le chiffre des dernières conclusions dont on réclamait la condamnation, ci. 5,546 26

J'ajoute le montant des différences que j'ai ci-dessus trouvées en moins, sur le montant des mandats, ci. 337 52

                                                       5,883 78

Mais il convient, comme il a été prouvé plus haut, de déduire sur cette somme (ce que le rédacteur du tableau n'a pas fait) le montant des mandats qui m'ont été payés pendant la même période de temps pour *fournitures de tabac ;* or, ces mandats s'élèvent à la somme totale de. 5,881 16

Il reste donc une différence insignifiante de . . . 2 62

Il n'y a pas de réflexions à faire, ces chiffres sont positifs. C'est là leur éloquence.

Je crois véritablement que la Providence a permis la production de ce tableau, présenté en dernier lieu par l'administration, pour me donner enfin le mot de l'énigme de cette affaire, et m'offrir les moyens de contrôle et de justification nécessaires à la manifestation de mon innocence. Malheureusement la justice s'est trop pressée, et j'arrive trop tard relativement au gain judiciaire.

S'il m'était permis d'égayer un peu ces tristes détails, je ferais remarquer l'outrecuidance du rédacteur du tableau qui, dans sa passion, a dépassé son but. Ne s'est-il pas avisé d'intituler ainsi une double colonne de son chef-d'œuvre : *Application PRÉSUMÉE des différences payées en trop. Part du sieur Guyot. Part du sieur Michel.*

Or, la part du sieur Guyot dans le vol est évaluée à 1,615 fr. 68 c., et celle du sieur Michel à 3,280 fr. 96 c.

On n'indique pas sur quelles bases on a opéré. Probablement l'auteur a eu une révélation : homme étonnant, va !

Dans tous les cas il a fait de mon pauvre ami Guyot un fripon bien sot.

Lui qui était la tête et le bras de l'entreprise, il ne perçoit pas même un tiers sur les bénéfices, tandis que moi, qui opère en sous-ordre, j'ai plus de double part !

Comme tout cela est pitoyable !

OBSERVATIONS GÉNÉRALES.

J'ai, autant qu'il m'a été possible, abrégé les détails et les raisonnements dans cet écrit déjà trop long. Que de moyens, de documents et de considérations il m'a fallu négliger ! Que d'épisodes j'ai passés sous silence !

Il faudrait un volume pour traiter cette affaire à fond. Je n'ai donc écrit que ce qui m'a paru indispensable à ma justification. Ai-je réussi à convaincre ? Le public me l'apprendra. J'éprouve en ce moment la satisfaction d'un honnête homme. Si une gêne pécuniaire est pour ma famille le résultat de cette affaire, son nom au moins en sortira sans tache. Ce qui cause toute ma peine, c'est que cette gêne apporte un retard trop long à ma liquidation envers mes créanciers.

Peut-être on me dira : Vous qui reprochez aux autres que l'on ne vous a pas communiqué de pièces, vous raisonnez ici seul et sans justifier ce que vous avancez. Je répondrai que je ne me suis pas fait ma position ;

que je suis forcé de parler seul ; mais que si le moindre doute s'élevait sur la véracité de tout ce que j'ai avancé, je suis prêt à répondre à toutes objections et à justifier de toutes pièces ; qu'amis et ennemis seront également bien reçus ; que je donnerai satisfaction à tous, et qu'ils m'obligeront de ne pas m'épargner.

Maintenant, sans récriminer contre mes juges, ne suis-je pas en droit de me plaindre en général de la justice et aussi de mes adversaires?

Ces derniers d'abord ont-ils examiné par eux-mêmes, et ne s'en sont-ils pas trop rapportés à des yeux étrangers et prévenus ? S'ils avaient examiné par eux-mêmes, ils auraient reconnu non seulement l'erreur capitale que j'ai mise au jour pour la fourniture du tabac, mais encore ils auraient reconnu que j'avais fourni des marchandises telles que beurre, morue, miel, pour lesquelles il y avait des crédits spéciaux, et qui, conséquemment, ne figuraient pas sur le livre de réception de l'épicerie. N'ont-ils pas prêté l'appui de leur nom et de la considération dont ils jouissent à juste titre, à des passions qui leur étaient étrangères, mais qui combattaient sous leur égide? Et leur avocat a-t-il convenablement rempli sa mission en m'injuriant, en évitant de plaider comme on le fait en matière civile, et en n'employant que du pathos et des effets théâtraux ?

Ne dois-je pas aussi déplorer que le Tribunal de première instance n'ait pas pu motiver son jugement d'une manière plus concluante, ainsi que le démontre madame Guyot dans son Mémoire? Et que la Cour, en présence de nouveaux moyens présentés *in extremis*, n'ait pas cru devoir accorder un compulsoire et des vérifications sérieuses?

On s'est laissé entraîner à ce raisonnement que l'on faisait pour les demandeurs, et qui a fait tout leur plaidoyer : Nous n'avons aucun intérêt personnel dans l'affaire, on ne peut donc suspecter ce que nous mettons en avant. Nous stipulons pour les pauvres que l'on a spoliés ; on ne peut nous refuser ce que nous demandons, car nous sommes animés seulement par l'amour du bien public. Ce système, qui n'entrait pas dans le fond de la cause, a réussi : le prestige a été complet.

Ceci nous remet en mémoire certaines paroles prononcées en 1847 par M. l'avocat du Roi, Mongis, dans son réquisitoire, affaire d'Audiffret :

« L'amour du bien public ! Non, ce noble sentiment procède par d'au-

« tres voies que celles du scandale, et s'il dénonce en tous cas les abus,
« c'est à la condition de les démontrer. Pour attaquer ses adversaires, on
« n'attend pas qu'ils soient absents, qu'ils soient morts, et que leurs
« cendres soient depuis longtemps refroidies. Autrement, l'amour du bien
« public prend la forme des mauvaises passions..... »

Ne semble-t-il pas que ces paroles fassent allusion à Guyot? Pauvre
ami! Au moins la tombe t'a soustrait à une attaque qui n'a pu qu'essayer
de flétrir ta mémoire. Que dirais-tu, si tu savais ta famille et ton ami rui-
nés par l'amour du bien public? J'ai du moins la consolation, en me dis-
culpant, de t'avoir aussi lavé de l'imputation si grave qui nous frappait
tous deux.

Je termine, j'en dirais trop. J'espère avoir atteint mon but et avoir dé-
montré que je n'ai pas cessé d'être digne de l'estime des honnêtes gens,
puisque je suis la victime d'une *erreur judiciaire*.

Saint-Germain-en-Laye, le 31 mars 1853.

MICHEL aîné.

P. S. — Je dois ajouter que lorsque j'ai eu découvert aux archives l'erreur dont je parle au § 5, résultant de ce qu'on avait sur le tableau présenté à la Cour, confondu dans l'article de l'épicerie ce qui m'avait été
payé pour tabac, j'ai cru devoir présenter à Messieurs les Administrateurs
de l'hospice, de franches observations à cet égard. J'ai donc écrit le 10
mars courant à chacun de ces Messieurs, que j'avais une communication
importante à leur faire, que l'erreur qui devait satisfaire tout le monde
était découverte, que je les suppliais de vouloir bien se réunir pour m'en-
tendre un instant, et de me faire indiquer jour et heure à cet effet.

Ces Messieurs n'ont pas cru devoir accéder à cette juste demande et,
continuant leur système de réserve, ils m'ont fait répondre que l'affaire
était jugée.

Ce refus a été pour moi la raison déterminante de la publication de ce
Mémoire.

9123   Imprimerie MAULDE et RENOU, rue de Rivoli prolongée, au coin de la rue de l'Arbre-Sec.